vmn

Viel Spaß beim
Lesen!

Hans W. Woell

2. August 2009

Hans W. Wolff

In
Frankfort
Dehaam

un aach
in Hesse
unnerweechs

Verlag M. Naumann

Copyright by
Verlag Michaela Naumann, **vmn**, Nidderau, 2006
Druck: Danuvia Druckhaus Neuburg GmbH,
86633 Neuburg/Donau

1. Auflage 2006

Bibliografische Information Der Deutschen Bibliothek
Die Deutsche Bibliothek verzeichnet diese Publikation in der
Deutschen Nationalbibliografie; detaillierte bibliografische
Daten sind im Internet über http://dnb.ddb.de abrufbar.

ISBN 3-936622-80-9

Das Buch illustrierte Ludwig *Nardelli*
aus Mörfelden-Walldorf

In Frankfurt dehaam

Mer glaabts net, wemmers net gesehe hat:
Turisde haufeweis in unsre Schdadt!
Franzose, Schweizer un Jabbaner,
Schinneese, Russe, Koreaner.
Fraue, schdreng verhillt, bis uff die Aache,
Männer, die wo Turban traache,
schwazze Leut aus Afrika,
Wuschelkepp aus Sumatra –
nach Frankfort schdrömt die halbe Welt
per Fluuchzeusch, Bahn odder middem Zelt.

Was kennt Ihr Frankforder draus lerne?
Bleibt da un schweift net in die Ferne!
Des Gude lischt Eusch doch so nah:
de Reemerbersch, de Dom, de Maa,
de Lohrbersch un die Niddaaue
fer Fahrradtuurn enaus ins Blaue,
de Palmegadde un en Zoo,
Grie Soß un Ebbelwei, des sowieso.
Hier lebt Ihr wie die Mad im Schbeck.
Bleibt schee dehaam un rennt net weg!

Genüüschsam

Im Hinnertaunus, ganz weit hinne,
von Sorsche um ihrn Sohn geplaacht,
saß Babett bei ihrm Parrer drinne
un hat den Herrn um Rat gefraacht.

»Mein Schorsch is doch nach Frankfort gange!
Nach Frankfort, in den Sündepfuhl!
Hat dort als Hilfskraft aagefange.
Er war in kaaner hehere Schul …

Verdient dreihunnert monatlich.
Dreihunnert bloß! Da frääscht mer sisch,
ob dademit der aame Mann
e christlich Lewe führe kann!«

Druff sächt der Seelehirt gewischdisch:
»Dreihundert Euro? Hör ich richtig?
Die Sorge kann ich euch vertreiben.
Ihm wird nichts andres übrigbleiben.«

Drei gude Vorsetz

Middem Fernseh mach isch diss Jahr Schluss.
Des meisde is doch nix wie Schduss.
Des muss diss Jahr mal möschlisch sei.
(Nur aamends guck isch hr3.)

Isch habb misch feierlisch entschiede:
Der Algohol, der werd gemiede!
Des muss diss Jahr mal möschlisch sei.
(Nur aamends drink isch Ebbelwei.)

Der guden Dinge, die sinn drei:
Middem Blodsche isses aach vobei!
Dess muss diss Jahr mal möschlisch sei.
(Nur aamends paff isch zwaa bis drei.)

Drei gude Vorsetz will isch fasse:
Drei Unarde will isch jetz lasse.
Des muss diss Jahr mal möschlisch sei.
(Nur aamends net – o wei, o wei!)

Immer debei

E Eitrachtschbiel am Wocheend,
wo's halwe Frankfort hiegerennt:
Gab's daadenaach e Keilerei,
de Willi, der war aach debei.

E Bütteredd an Fassenacht,
wo mer sisch halwer doodgelacht:
Gab's hinnerher e Sauferei,
de Willi, der war aach debei.

Geborzdaache, Befödderung,
Hochzeide, Väabschiedung:
Gab's aaschließend e Feierei,
de Willi, der war aach debei.

Ob hibb de Bach, ob dribb de Bach,
wo ebbes los war, war's sei Sach.
Beerdischt hammern heut um drei.
Da war de Willi aach debei.

FRANKFORDQUIZ 1

Wo gibts Emfeng fer Vieh-ei-pies?
Wo bret mer maa en Ochs am Schbieß?
Wo schbeit en Brunne manschmaa Wei?
Wo gibts Touristedrengelei?
Wo deet mer – nur maa aagenomme,
de Pabst deet gern nach Hesse komme –
dem Heilsche Vadder wohl begeeschne?
Wo deet er vom Balkong uns seeschne?

Römer und Römerberg –
Wahrzeichen Frankfurts und seine ›Gut Stubb‹

Unser Wasserhäusje

Brauch unseraans emal e Päusje,
dann mächter schnell zum Wasserhäusje.
Die wo dort schdehn, sin eim net fremd,
weil mer dort oft zusammekemmt.

Was uns vereint, des is bekannt:
Es is de Dorscht, der Kehle Brand.
Dehaam is eim des Bier verwehrt?
Hier net. Hier tankt mer ungeschdeert.

Mer kann derweil mit annern schwetze,
kann schenne, meckern, protze, hetze
uff Leut, die wo eim gaa net basse,
un orndlisch maa die Sau rauslasse.

Es geht halt nix iwwer a Päusje
an unserm klaane Wasserhäusje!

Was maane Sie?

Wenn Rente sinke, Schdeuern schdeische,
wenn Firme dauernd Schdelle schdreische,
könnt mer schonn maa de Mut verliern
un brääbele un lamendiern.

Doch schdatt sisch driwwer uffzureesche,
könnt mer sisch ja ma iwwerleesche,
wies eim vor seschzisch Jahr ergange,
als mer bei Null neu aagefange.

Da war Frankford e Trimmerfeld
un mir verhasst in aller Welt,
Famielje ausenannerg'risse,
die Zukunft ganz im Ungewisse.

Des war e forschbar schlimme Zeit.
Sie is schonn lang Vergangeheit.
Wer se net ganz vergisst, verschdeht,
wie gut's uns eischendlisch heut geht.

11

Gebabbel

Des Eigekaafte, des kimmt in e *Dutt.*
En Wolgebruch haaßt bei uns en *Schudd.*
Unser goldische Mädscher, die hawwes *Geriss,*
awwer en eklische Kerl issen *Miggeschiss.*
So scheene Wörder gibts noch viel mehr,
Gebabbel is gaa net so schwer!

Quante odder *Maabootscher* sinn große Schuh.
Wer e *Mordsgedääns* mäscht, der gibt als kaa Ruh.
En *geblotschde Abbel,* der is net ganz heil.
Un de *Bobbes,* des is eim sei Hinnerteil.
So scheene Wörder gibts noch viel mehr,
Gebabbel is gaa net so schwer!

En *mufflische* Gast kann de Wert net *ferbutze.*
fer *Ribbscher* un *Solwer,* da brauch mer die *Wutze,*
die *Ank* is e merkwürdisch Wort fer Genick,
un en *dorschene Handkäs* is gut fer Musick.
So scheene Wörder gibts noch viel mehr,
Gebabbel is gaa net so schwer!

Wenn mer ebbes VERHOBBAST, dann duht mers
verbocke,
Schobbepetzer sinn die, wo beim Ebbelwei hocke.
En *Klowe* uff hochdeutsch is, glaab isch, en Schdoffel,
un *Gequellde* uff hochdeutsch sinn Pellkadoffel.
So scheene Wörder gibts noch viel mehr,
Gebabbel is gaa net so schwer!

Wenn ebbes wo klebt, isses *aagebabbt.*
Wenn mer wo neidritt, is mer *neigedabbt.*
Wenn ebbes *schebb* is, dann isses net grad.
Un en *Kuhbladdscher,* naa, des is kaan Schbinat.
So scheene Wörder gibts noch viel mehr,
Gebabbel is gaa net so schwer!

Wenn aaner *prääwelt,* dann jammerder halt.
In eim sei *Schlabbe* wern die Fieß eim net kalt.
Wenn aaner schbinnt, isser *newe de Kapp.*
Un wenn mer nix waaß, ja, dann hält mer sei *Klapp.*
So scheene Wörder gibts noch viel mehr,
Gebabbel is gaa net so schwer!

Bei uns säscht mer *Hiwwel* un annerswo Hügel,
em Foochel sei *Flitsch* sinn annerswo Flügel.
Krieht mer aa *uffs Dubbeh,* dann werd mer verhaache.
Un bei Iwwelkeit *hat mern Maa iwwerzwersch im*
Maache.
So scheene Wörder gibts noch viel mehr,
Gebabbel s gaa net so schwer!

Mein aane Nachbar, des issen *Schlawiener,*
der babbelt so komisch, er is halt Berliner.
Mein annere Nachbar hadden Balkongrilltick,
der is mer so lässdisch wie e *Aabeemick.*
So scheene Wörder gibts noch viel mehr,
Gebabbel is gaa net so schwer!

Wenn mer dehaam kocht, brauch mer *Dibbe* und
Dibbscher,
Wenn mer *dribb de Bach* esse geht, schätzt mer die
Ribbscher.
Wenn Schluss mit lustisch is, wie säscht mer da noch?
Jetz reischts, *jetz hawwe die Bosse e Loch!*
So scheene Wörder gibts noch viel mehr,
Gebabbel s gaa net so schwer!

Bei uns haaßts *Gelersch,* bei de annern Gerimbel,
bei uns *Hannebambel,* bei de annern haaßts Simbel.
Wenn hier aaner *schlääscht* schwetzt, schwetzter
annerswo dumm.
Un wenn hier aaner *hieborzelt,* fällter annerswo um.
So scheene Wörder gibts noch viel mehr,
Gebabbel is gaa net so schwer!

E *Kratzbäscht* in Frankfort is e schdreidsüschtisch
Fraa.
Wer aagibt wie *e Dutt voll Micke,* gibt ferschterlich aa.
E aarüschisch Werdschaft is e Bumslokal.
Un wenn misch ebbes *net juckt,* is mers scheißegal.
So scheene Wörder gibts noch viel mehr,
Gebabbel is gaa net so schwer!

Wenn bei aam *ebbes dehaam* is, dann isser net aam.
Bei em *Bibberliesje,* da werds eim net waam.
Wenns *gehubbt wie gedubbt* is, dann isses egal.
Un en *Schliggser* beim Singe is net ideal.
So scheene Wörder gibts noch viel mehr,
Gebabbel is gaa net so schwer!

Schlambes nennt mer Erd, wenn se uffgewaascht.
Wenn mer aan *verebbelt,* dann werd er veraascht.
En *Dormel* is saudumm oder verpennt.
Un en *Dabbes,* der hat bloß zwaa linke Händ.
So scheene Wörder gibts noch viel mehr,
Gebabbel is gaa net so schwer!

En gude Berscher von Frankfort am Maa
kennt Wörder wie *obbedruff un unnedraa,*
un mansche devoo kriehe *Eigeblaggde* net mit,
Wörder wie *desdeweesche* un bis *hinnewidd.*
So scheene Wörder gibts noch viel mehr,
Gebabbel is gaa net so schwer!

En *Gorschelschwenker,* der hat immer Dorscht.
Un bei de WM, da *geht's um de Worscht!*
E *Schnedderedeng,* des is e Schwatzbaas.
Un mansche Männer hawwe en *Schnorres* unner de
Nas.
So scheene Wörder gibts noch viel mehr,
Gebabbel is gaa net so schwer!

Wenn ebbes *ääbsch* is, dann isses net schee.
Un wenn mers *bedabbelt,* dann kann mers verschdeh.
Wenn mer nerschends mehr trocke is, dann is mer
drätschnass.
Un wenn mer en *Motzkopp* is, verschdeht mer kaan
Schbass.
So scheene Wörder gibts noch viel mehr,
Gebabbel is gaa net so schwer!

Gutsjer uff hochdeutsch sinn Sießischkeite.
Wenn mer *en Bach nunnergeht,* dann geht mer pleite.
Geschnerksel uff hochdeutsch sinn Leckerbisse.
Un wenn mer *bedubbst* werd, dann werd mer
beschisse.
So scheene Wörder gibts noch viel mehr,
Gebabbel is gaa net so schwer!

Wenn zwaa sisch *kabbele,* dann hawwese Krach.
In Sachsehause wohnt mer *dribb de Bach.*
Wenn Hunde *gauze,* dann heert mer des gut.
Un e Fraa, die als schwetzt, is e *Babbelschnut.*
So scheene Wörder gibts noch viel mehr,
Gebabbel is gaa net so schwer!

Wenn aaner zornisch werd, kriecht er en *Rabbel.*
En *Abbelkrotze* bleibt iwwrisch vom Abbel.
Wenn aaner *Schmonses* redd, isses dumm Zeusch.
Un en *Gorkser,* des is ausem Bauch e Geräusch.
So scheene Wörder gibts noch viel mehr,
Gebabbel is gaa net so schwer!

Wenn ebbes *eiwennisch* is, isses innedrin.
Un wenn aaner *Kabbes* schwetzt, dann mäschts kaan
Sinn.
Klaane Bubscher un Mädscher, des is *klaa Gewerzel.*
Un des Hinnerteil vonerer Ent is en *Enteberzel.*
So scheene Wörder gibts noch viel mehr,
Gebabbel is gaa net so schwer!

Issen *Schobbepetzer* schdack *aageduddelt,*
kanns bassiern, dass sei Fraa iwwer ihn *schnuddelt.*
Isser schdernhaachelvoll, kanns bassiern – was soll's –,
dass sei Fraa en verhääscht middem *Weljerholz.*
So scheene Wörder gibts noch viel mehr,
Gebabbel is gaa net so schwer!

Die *Eigeblaggde,* die sinn net von hier,
un en *Eigeblaggde,* des is e *aam Dier* –
es sei denn, er lernt unser Frankforder Schbraach,
unner annerm: *Des aa Aach un des anner Aach aach.*
So scheene Wörder gibts noch viel mehr,
Gebabbel is gaa net so schwer!

Wenn ebbes bambelt, dann schwankts hie un her.
Wenn mer's Geld *verjuckelt,* isses Portmonneh leer.
Un fehlts eim an Eifäll als Mundartdichter,
dann krieht mer *verdeppel aach die Gaasegichter.*
So scheene Wörder gibts noch viel mehr,
Gebabbel is gaa net so schwer!

17

Ärztlischer Beischdand

»Isch hust so oft, mein Bluuddruck schdeischt,
des Drebbeschdeische fellt net leischt.
Herr Dokter, was is mit mer los?
Isch hett gern Ihre Diagnos!«

»Nun gut. Ich sage es mal offen:
Zuviel geraucht, zuviel gesoffen.«

»Aha. Soweit sinn mer uns einisch.
Wie haaßt die Diagnos ladeinisch?
Mei Fraa kennt kaa ladeinisch Schbrisch
un kommt mer so net uff mei Schlisch.«

Affegeil

So manschmaa wär isch rischtisch froh,
isch wär en Aff in unserm Zoo.
Als Aff däht isch nur, was mir basst,
un hätt mit Awweid nie mei Last.

Isch hätt kei Sorsche weeschem Geld.
Mei Esse würd mer hiegeschdellt.
Isch bräuscht mer net die Platt verreiße
iwwer Haaz 4 un annere … Mist.

Isch misst net dauernd Leisdung bringe.
Isch kennt von Ast zu Ast misch schwinge.
Desweesche wär isch manschmaa froh,
isch wär en Aff in unserm Zoo.

FRANKFORDQUIZ 2

Es gibt en Torm in unsre Schdatt,
der ebbes ganz Besonnres hat:
e Wetterfähnsche obbedruff.
Guggt mer emaa genau enuff,
sieht mer neun Löschelscher dadrin.
Die schoss en Wilddieb einst eninn
un hat damit sein Hals gerett. –
Wer des net glaabt, der glaabts halt net.

*Eschenheimer Turm; schönster Turm der einstigen Stadtbefestigung,
im frühen 15. Jahrhundert von Madern Gerthener erbaut*

Dehaam is dehaam

Wie hällisch isses zu verreise!
Es logge Bersche, Meer un Schdränd.
Aamaa eraus aus fesde Gleise
in Lender, wo mer noch net kennt!

Jetz fliesch isch los, isch adme freier,
isch hab nur Wolge unner mir.
Des is die reinst Geborzdaachsfeier!
Die Schduadess bringt mir e Bier.

Jetz komm isch aa. Is des eggsodisch!
Dann schdeh isch rum beim fremde Zoll.
Benemme duhn die sisch idiodisch
un kwasslemer die Hugge voll.

Mei Nachdkwaddier hab ich erreischt.
Isch leesch misch hie. Isch schlaf net ei.
Kaa Wunner, saach isch mir, vielleischt
hilft da en Konnjack odder zwei.

Taachs druff fiehl isch misch leisch beklomme
un äschendwie net uff de Heh.
Ob mir de Konnjack net bekomme?
Es werd mer doch bald besser geh?

Dann schdischds in meine Eigeweide.
Verdeppel aach! Was soll denn des?
Bin isch verreist, um hier zu leide?
Is des vielleischt de Urlaubsschdress?

Isch muss misch jetz zusammereiße.
Äschendwie werds schonn noch geh.
Naa, es geht net, verdammte Scheiße!
Was mach isch bloß, oje, oje!

Es nehert sisch en Azzt vom Ort.
Er misst de Druck un schreibt was uff.
Er redd was, isch verschdeh kaa Wort,
isch nigg dezu un peif halt druff.

Isch nemm was ei, jetz rast des Fieber!
Es dreescht misch fort nach Katmandu,
isch faasel was von Nil un Tiber
un erst in Rio find isch Ruh.

Mei Fieber fellt, isch pack mei Sache,
isch fliesch zurück, gebeuscht un lahm.
Des war de Urlaub – nix zu mache.
Des neschsde Mal bleib isch dehaam.

De Lenz is da!

Sie nehert sich, die Friehlingszeit.
Isch mäggs an meiner Miedischkeit.
Isch bin so was von abbgeschlafft,
mei Fraa dageesche schdrotzt vor Kraft.

Sie schniffelt Schdaub in jedem Eck
un kindisch aa: Der Dreck kimmt weg!
Die neschsde Woche werd gesaucht,
entsorscht, was jetz kaan Mensch mehr braucht,
geschrubbt, gekehrt, geberscht, gewischt,
bis nerschends mehr e Schdäubsche lischt.

Die annern suche Schlisselblimmscher
un sinn ganz Ohr fer Foochelschdimmscher.
Isch net. Isch hab Befehl von meiner Fraa:
Jetz werd gebutzt! De Lenz is da.

Bildungslicke

Schonn de Caesar unnerm Lorbeerkranz
plaachde der pulex irritans.
Ladeiner sinn Sie keiner? Ach so.
So hieß in Rom de Menschefloh.

Des Lied vom Legge

Es leggt die Sonn am Windereise,
es legge Welle an dem Schdrand.
Es leggt wer annerer Gödderschbeise,
es leggt de Hund an deiner Hand.

Es legge Flamme an de Kachel,
es leggt dei Fraa an deinem Ohr.
Es leggt de Mensch geesche de Schdachel,
es leggt des aale Wasserrohr.

Jetz heer isch uff mit meinem Singe.
Leggt misch am Aasch! (von Berlischinge)

Net abkömmlisch

De Schorsch geht zu seim Chef enei:
»Ich hätt gern zwaa, drei Daache frei.
Fern Friehjaahsbutz bräuscht misch mei Fraa;
sie sächt, sie schaffds net ganz allaa.«

»Des duut mer leid«, sächt der zum Schorsch,
»Sechs Uffträäsch, Mann, da muss mer dorsch!
Saach deiner Fraa, weesche de Kunde
gibts nechst Woch sogaa Iwwerschdunde!«

Da sächt de Schorsch: »Chef, Sie sin klasse!
Sie wisse, wie isch 's Butze hasse
un hawwe misch net hängelasse.«

Des wär schee!

Ach, kennt isch misch doch aamaa tummele
uff Honischsuche mit de Hummele,
odder mit de Schwalbe schwebe,
hoch misch in die Wolge hebe,
im Oozjan in die Tiefe dringe,
wo die Walfisch Lieder singe,
odder mit de Barrakudas
schwimme bis zu de Bermudas!

Gut fers Gehern

Aans findisch ausgeschbroche hesslisch:
Isch wer in letzder Zeit vergesslisch.
Isch komm annem Kolleesch vorbei,
doch wie er haaßt, fellt mer net ei.

Im Fännseh heert mer ja ganz gern,
es fehlt bloß Sauerschdoff in dem Gehern,
Hexal hett ebbes dadegeesche,
erschendso Pillezeusch – von weesche!

Mer muss sisch halt der Eisischt schdelle:
Sie nemme ab, die graue Zelle.
Desweesche net lang lamendiert
un efter maa de Kobb dräniert!

Fange Se gleisch aa! Es nitzt Ihrem Geherne,
wenn Se mei Schbrisch auswennisch lerne!

Im Dialooch

Isch bin zu mied. –
Wie mer sieht.

Fang emaa aa! –
Du bist draa!

Des habbisch dir schonn hunnerdmaa gesacht! –
Ja, un isch hab misch schibbelisch gelacht!

Sisch reesche bringt Seesche. –
Von weesche!

Dadezu habbisch kaa Lust. –
Des habbisch gleisch gewusst!

Im Fännseh gibt's heut ›Titanic‹. –
Isch heer lieber Volksmusick.

Mer werd so aal wie e Kuh. –
Awwer du lernst nix dezu!

Des Bauwäck schdeht ganz discht am Fluss.
Es dient dem hehere Kunstgenuss.
Von dene Bilder, wo da hänge,
duhn vier sisch hier nach vorne dränge:
En Mann middm Blimmsche in de Hand.
En weiße Hund middm blaue Band.
En Holländer middre offne Schnut.
En Dischder middm schebbe Hut.

*Städelsches Kunstinstitut, kurz ›Städel‹ genannt; fast alle Kunstepochen
sind hier mit hervorragenden Werken vertreten, u.a. Hans Holbein d.J.
›Bildnis des Simon George of Cornwall‹, Franz Marc ›Weißer Hund‹,
Adriaen Brouwer ›Der bittere Trank‹ und Johann Heinrich Wilhelm
Tischbein ›Goethe in der römischen Campagna‹*

Dornbusch

Rundrum, von hinne un von vorne
is so en Dornbusch voll von Dorne.
Hat aaner sich dadrin verkroche,
is er von Kopp bis Fuß verstoche.

Bei unserm Dornbusch stimmt des net.
Der is zwaa aach kaa Rosebett,
doch wenn Se mich persönlich fraache:
Ich kann mich werklich net beklaache.

Um ebbes Gutes eizukaafe,
brauch ich hier net lang rumzulaafe,
un die, die net am Dornbusch wohne,
fer die kann sich die U-Bahn lohne.

Hier krieste *alles:* Fernsehbrille,
Belzmäntelcher, Verdauungspille,
Künstlerkarte, Schbitzeweine,
Mauspäds, Wörschtscher, Hundeleine.

Die siwwe Kräuter fer Grie Sooß,
en Loddoschei fers große Los,
e Bettfann fer de Großbaba –
wenn ebbes fehlt, mer finns schon da.

Die Dochter winscht sich e Klawier?
Ei, warum net? Aach des gibts hier.
Aach sollt mer uff kaan Fall vergesse:
Mer kann hier prima Pizza esse.

Hier werd gebaut und renowiert,
gebohrt, gebuddelt un saniert,
hier gehts berschuff, was will mer mehr.
Is des jetz klar? Dann nix wie her!

Bei de Viescher

Des schennste fer die Kinner, des is wo?
Fer misch kei Fraach: des is de Zoo!
Dort sehnse Kengurus rumhibbe
un Kücke aus de Eier schlibbe.

Wie schee, wenn Faue Reeder schlaache
un Biber an de Schdemm rumnaache,
wenn Kolibris an Blimmscher sauche
un Tiescher dorsch ihr Gidder fauche!

De Zoo mescht aach Erwachsne froh.
Es leuscht aam widder ei, wieso
mir ganze Mensche allzusamme
urschbrünglisch von de Affe schdamme.

Fiddnessgeeschner

Wohie mer guggt, da sieht mer heut
vom Juuchendwahn befallne Leut.
Die dschogge als dorsch unser Wälder,
doch jinger wern se net. Nur älder.
Un mansche sinn dodaal beknackt
und krien beim Laaf en Häzzinfackt.

Da halt isch liewer Middaachsschlaf
schdaddassisch dorsch de Stadtwald laaf.
Ich will misch net mit Klimmziesch quäle
un aach kaa Kalorie zähle.
Was isch jetz werklisch nemmer brauch,
des is en schdramme Waschbrettbauch.

Isch fast net gern. Mir schmeckt mei Esse.
Zum Beischbiel Worscht aus Obberhesse,
aach Handkäs odder Schbischellei
schdatt Maacherquaak un Körnerbrei.
Ich drink aach gern mei zwaa, drei Rote,
obwohls de Dokter schdreng verbote.

Misch sieht mer uff kaam Drimmdischfaad
un aach net innem Fangobad.
Endschlaggungskurn mit Knoblauchpille?
Mit mir net, naa, um Goddes wille!
Denn wie mer aach sein Körber fleescht,
mer werd doch innen Sarsch geleescht.

Uff ihr kimmt mer eniwwer
un eweso eriwwer.
Erst warse hölzern, dann aus Schdaa,
kabuttgeschbrengt warse aach emaa.
De Geede hatse sehr geschätzt
un alsemaa von ihr geschwätzt.
Gemalt isse worn vonnem Franzos.
Verdeppel aach, wie haaßtse bloß?

Die Alte Brücke, gemalt von Gustave Courbet
›Blick auf Frankfurt‹ (im Städel)

Knapp devoogekomme!

De Kall is ehr als aagenomme
vonrer Geschäftsreis haamgekomme.
Von Schdubb zu Schdubb suchter sei Fraa:
Sie lieht im Bett, doch net allaa.

Was mäschter? Er erschießt sei Fraa
mitsamt ihrm Lover newedraa.
Er sieht – mer kanns verschdehe – rot,
dreht dorsch un schießt sisch selwer doot.

Viel ärscher wärs ja fast gekomme,
denn – unner uns – maa aagenomme,
de Kall wär zwaa Daach frieher komme,
da hätter *misch* uffs Korn genomme!

Kaan Kawwalier

Die Ruth, de Kall un Dorothee
fahn Bootsche uffem Kahler See.
Zum Kall flistert die Dorothee:
»Wenn jetz des Boot versinkt im See,
wen retteste, Ruth odder misch?«
»Misch.«

Immer midde Ruh

Fer *Mondaach* werd eim sehr emfohle,
vom Sonndaach sisch erst zu erhole.

De *Dinnsdaach* is en Feierdaach
un daher frei von Mieh un Blaach.

Mittwochs werd im ganze Land
iwwerall maa ausgeschbannt.

Will mer am *Donnersdaach* net leide,
sinn Aaschdrengunge zu vermeide.

De *Freidaach,* wie de Nam schon sescht,
der eischent sisch fer Awweit schlescht.

Am *Samsdaach* is schonn Wocheend,
da werd maa rischdisch ausgepennt.

Der *Sonndaach* is der Daach des Herrn.
Da hält mer Ruh. Des mescht mer gern.

Net persönlisch gemaant

Olwel! Kleeskobb! Aaschgesischt!
sinn Mundaadwörder von Gewischt.
Aach Miggeschiss un Keesgesischt
eischne sisch fer mei Gedischt.

Isch wollt schonn lang emaa bedischde
mei Mundaad innem neue Lischde.
Sie is so hällisch unmanierlisch,
so unverfrorn un unschenierlisch.

Sie Gifdniggel! Sie Peifekobb!
Sie Schlabbmaul! Bleiaasch! Kabbeskobb!
So hemdsäämlisch un ungezooche
is Mundaad, un so unverbooche.

Sie Krimmelkagger! Pannefligger!
Sie Labbeduddel! Schlabbefligger!
Sie Blooßaasch, ja, Sie Gorschelschwenker!
Sie Bleedhammel! Sie aaler Schdenker!

Jetz heer isch uff, mei Lied is aus.
Isch reschen net mit Ihrm Applaus.
Awwer aamaa muss die Sau enaus
mit Donner, Blitz un Schdormgebraus!

FRANKFORDQUIZ 5

Vorm Kriesch gabs von mir viele hunnert,
die ganze Welt hatse bewunnert.
Nur isch bin iwwrisch, isch allaa,
am Fahrtor aans, gleisch newerm Maa.

›Haus Wertheym‹, einziges mittelalterliches Fachwerkhaus in der
Frankfurter Altstadt, das den Bombenkrieg überstanden hat.

Kalennerweisheide

JANUAR
Hat mer sisch in sei Bett verkroche,
schbiert mer die Kält net in de Knoche.

FEBRUAR
Wer jetz innen Maa hibbt, um zu bade,
der krieht leischt Krempf in seine Wade.

MÄRZ
Wer's gern vom Fachmann wisse will:
De März lischt zeitlisch vorm April.

APRIL
Der Monat is asch inschdabiel,
un wenns net trocken is reeschends viel.

MAI
Enaus ins Freie gehds im Mai!
(Wer Allergie hat, lesst des sei.)

JUNI
Im Juni is de Mai vorbei,
wer schwitzt, schmeißt sisch ins Schwimmbad nei.

JULI
Im Juli is schon fast August,
des is eim manschmaa net bewusst.

AUGUST
Wer uff sei innre Schdimme horscht,
der heert jetz deudlisch: Isch hab Dorscht!

SEPTEMBER
Wenns im September schdermt un schneit,
dann lischts am Wedder,'s duut mer leid.

OKTOBER
En goldne Oktober! Des weer schee.
Mer waaß es net, mer werd ja seh.

NOVEMBER
Uff Sonnschei waddmer meist vergeblisch,
um die Zeit rum isses oft neblisch.

DEZEMBER
Krisskinscher kaafe! Es werd Zeit,
die Feierdaach sinn net mehr weit.

Im Beischdschduhl

Im Voochelsbersch lebt e aal Fraa,
die ging zur Beischde widder maa.
Dem Parrer, der ihr zugeheert,
hat sie des Folschende erkleert:
»Isch bin, in sündischem Verlange,
drei- odder viermaa fremdgegange.« –
De Parrer fräächt, wann das denn war. –
»Vor verzisch, fünfunverzisch Jahr.« –
»Vor vierzig Jahrn? Ein halbes Leben,
das hat der Herr gewiss vergeben!« –
»Ja, schonn, Herr Parrer, 's is halt so:
Isch redd gern alsemaa devoo.«

Mir aame Rentner

Was hat mer uff sei alte Daach
als Rentner so sei Mieh un Blaach!
Muss mer beim Aldi Schlange schdeh,
duhn eim die aale Knoche weh.

's Bordmanneh, des mescht eim Sorsche
wenn mer so dengt an iwwermorsche.
Die Rente wern vielleischt gesenkt.
Wenn des eim net zum Hals naushenkt!

Des Lääwe war noch nie so deuer,
jetz kemmt aach noch a Renteschdeuer!
So ziehn die's Geld eim ausem Säggel.
E neues Audo? Peifedäggel!

Es heert net uff, es kimmt noch was:
Jetzt hat aach noch die Krankekass
de Beidraach so was von erheht,
dass eim de Abbedidd vergeht.

Die eischne Juuchend is vorbei.
Des is eim gaa net einerlei!
Da sieht mer all die junge Dinger,
mer selbst is alt un werd net jinger.

Mer sieht un heert net mäh so rischdisch,
die Pille waan noch nie so wischtisch,
mer fiehlt sich oft net rischdisch wohl –
ja, Himmelhäggottnochemool!

Mer is im Grund kaan Jammälabbe.
Doch manschmaa kennt mer iwwerschnabbe!

Net anners zu erwadde

Dem Schorsch aus Offebach isses uffgefalle,
dass, wenner mit Frankfordern schwetzt,
beinah alle irschendwann zu em saache:
»Ach, gelle, Sie sinn von Offebach?«

Woher kimmt des bloß? hat unsern Schorsch sich
                                        gefraacht,
un die Fraach hat wochelang annem genaacht.
Ob mein Offebecher Dialekt
sisch net ganz mit dem Frankforder deckt?

Also kaafter e CD middem Haufe Schbrisch
in garandiert völlisch reinem Frankforderisch.
Dann iebter zwaa Daach odder drei
un geht innen Frankforder Lade nei.

Dort sächter: »Isch hätt gern e halb Pund
                                Lewwerworscht.«
Was maane Sie, wie des Frollein uffgehorscht!
Sie guggt de Schorsch aa un sächt
»Ach, gelle, Sie sinn von Offebach?«

De Schorsch: »Des gibts net! Wie hawwe Se des
                                errade?« –
»Ja no, Sie sinn doch hier innem Blummelade!«

Sie lieht net nördlisch, sonnern südlisch.
Heut achelt mer dort schee gemüdlisch.
Wer Lust hat, schdellt sisch neweaa
uff so en klaane Denkmalschdaa
un lässt sisch nachem Schnaweliern
als Held des Taachs foddograffiern.
Herr Geede fand die Zeit dort köstlisch
un schrieb dariwwer einst west-östlisch.

Die Gerbermühle. Goethe war 1815 dort zu Gast in der Sommerresidenz
von Johann Jakob und Marianne von Willemer, mit der er zu jener Zeit
einige Lieder der im ›West-östlichen Divan‹ vereinigten Lieder wechselte

Frankforder Wocheend

Innem Museum rumzulaafe
schdatt sonndaachs rischdisch auszuschlafe,
des kost aan viel an Enerschie –
wie isch Sie kenn, die habbe Sie.

Des Schdedel kennt isch sehr emfehle.
Da henge innem Haufe Säle
die schennsde Bilder weit un breit
aus aaler un aus neuer Zeit.

Sinn Ihne einische bekannt?
Gleisch vorne an de Eigangswand
hengt aans, des kennt mer ja ganz gut:
en Dischder middem schebbe Hut.

... un im Zoo

De Jagua gierd schdeeds nach Beude,
de Jachthund rennt gänn midde Meude.

Die Krabbe krabbele am Schdrand,
die Krake ziehd es net ans Land.

Neue Awweidsblätz

Jetz simmer halt globalisiert
un mägge, wohie uns des fiehrt.

Bei uns werd gräffdisch abgemaachert.
Die Brodduksjone wern verlaachert
von hier eweck in Rischdung Oste,
wo Awweider net so viel koste.

Endlasse duhn sogaa die Banke.
Da mäscht mer sisch schonn sei Gedanke!
Die Awweid is hald nemmer do,
de Uffschwung kimmt heut annerswo.

Die neue Schobbs sinn in der Ferne!
Vielleischt sollt mer schinäsisch lerne?
Vielleischt wärs werklisch bald gescheider,
mer gäng dordhie als Gasdawweider!

Ohne Kanone

Es schtand in unsre Zeitungsschpalte,
die Bundeswehr wär am Veralte.
Mir bräuschte demnächst neue Waffe,
sonst wärn die Eisätz net zu schaffe,
denn Eisätz gäbs ja sowieso
im Koso- un aach annerswo.

Jetzt hört mer aus Expertekreise,
die Wehrflischt käm zum aale Eise.
So wie bisher gings halt net mehr,
Berufssoldate müsste her.
Die Eisätz wärn heut annerswo,
weltweit! Net nur im Kosovo.

Mer waaß es net. Mer kanns net wisse.
Ich wollt es net entscheide misse.
Mir wärs am liebste, es ging ohne
Soldate, Panzer un Kanone,
bei uns in Deutschland sowieso.
Un warum net aach annerswo?

Sachsehäuser Schbrisch

Neulich war isch mit meim Freund, dem Seppel,
beim Äbbelwei im Kanonesteppel.
Des waa wie im Kinno. Am Newedisch
waan Sachsehäuser ganz unner sisch,
hawwe aan Schobbe nachem annern gepetzt
un im schennste Frankforderisch geschwetzt.
Des beste defoo habbich uffgeschriwwe,
sonst wärs vielleischt net henge gebliwwe.
Mei Nodditze habbisch hier so verleimt,
dessisch des Ganze e bissi reimt.

Da hammer uns de Ranze vollgeschlaache!
Dem Kerl deet isch e paa uff die Backe haache!
Des kimmt dadefoo un dessdeweesche!
Erst gaggern und dann kaa Eier leesche!
Schdatt immer nur bleede Schbrisch zu klobbe,
soll der lieber in seim Gadde Unkraut robbe!
Dem Bush hawwese werklich ins Hern geschisse!
Ja, seid ihr vom wilde Watz gebisse?
Was meschtmer geesche Hunger und verschteckte Dorscht?
Noch en Bembel Äbbelwei un en Kringel Worscht.
Die fressemer noch die Haan vom Kopp!
Jetz verkrimmelemer uns, alla hopp!

Isch habb noch viel mehr, awwers reischt fer heut.
Bis bald emaa widder, machts gut, ihr Leut!

Nix Neues

Die Fraa lischt krank in ihre Kisse.
De Azzt will von ihrm Gatte wisse,
seit wann se denn so äschzt un schdöhnt.

»Im Grund, seit mer verheirat sinn,
Herr Dokter. Ja, isch bin
Geäschz, Geschdöhn dorschaus gewöhnt.«

Bodenschdändisch

Mer trinkten net nur geeschen Dorscht,
zu Handkäs un zu Lewwerworscht,
mer trinkten, weil mern eifach maach.
Die Schdimmung hebter Daach fer Daach.

Mer brauch net in die Fänne schweife,
wenn hier so scheene Ebbel reife
fer Kuche, Torte un fer Brei
un ganz besonners Ebbelwei.

En Wei von erschendem Schattoo?
Schammbannjer von de Wöff Klickoo?
Ihr liewe Leut, des muss net sei!
Fer was hammer de Ebbelwei?!

Des alles is kaan Hokuspokus:
Hier gibts en eschde *Diplodocus,*
mer glaabts net, *zwanzisch* Meter lang,
da werd aam heut noch angst un bang!

Beim Aablick seines Riesekopps
graust eim vorm *Triceratops.*
Mordshörner iwwer Nas un Aache –
den hätt kaan Jääscher doodgehaache!

Naturkundemuseum Senckenberg mit weltbekannten ›Dinos‹

Nix geesche die annern

Ihm wollt es net in de Kopp enei:
Wie konnt nur en Mensch net von Frankfort sei!

Doch wär de aale Stoltze noch emaa hier,
midde Ohrn deet er schlaggern, glauwe Se's mir.
Mir eschte Frankforder – ja, es duut mer leid –,
mir wern mehr un mehr zuerer Minderheit.
Warum? Ei, die Mehrheit sinn Eigeblackte!
Des glauwe Se net? Des sinn awwer Fakte.
Fahn Se maa U-Bahn. Wie die Faahgest da schwetze,
des duut eim sei Ohrn schonn manschmaa verletze.
Isch selwer persönlich redd gern Dialekt,
awwer Secksisch hat mer noch nie geschmeckt.
Nix geesche die Sackse! Un nix geesche Berliner
un Schwabe un Bajern und annre Schlawiener.
Isch hab aach nix geesche Assilande
un dene ihr Ommas un fuffzisch Verwandte.
Isch schweisch aach von Ghanaer un von Albaner,
Schinese, Libbanese un Marogganer.
Un eh ischs vergess zu bemerke:
Isch hab absolud nix geesche die Terke!

Doch wär de aale Stoltze noch emaa hier,
midde Ohrn deet er schlaggern, glauwe Se's mir.

Rinne lasse

Ach, wie verliebt mer damals warn!
Im Juni sinn mer abgefahrn.
Die Hochzeitsreis war wunnerschee,
besonners am Klopeiner See.

Des Gasthaus paar Schritt weg vom Schdrand,
ganz in de Näh de Waldesrand,
devor die schennste Blummewies –
es war des reinste Paradies!

Aach 's Zimmer konnt sich sehe lasse.
Doch aans war werklisch net zu fasse:
De Wasserhahn, aach zugedreht, hat als gedrobbt,
un des Gedrobb hat net geschdobbt.

Da hammer des halt reklamiert.
Der Hoddeljee hat sisch geriehrt,
er is mit Wäckzeusch ruffgekomme
un hat der Sach sich aagenomme.

Aa Schdund hadder erumgeschraubt,
geflucht un dorsch die Nas geschnaubt.
Dann hadders Wäckzeusch falle lasse
mit der Bemäckung: »Rinne lasse!«

Bei uns haaßts seitdem immer dann,
wenn mers Broblem net löse kann
un musses als Broblem belasse:
Rinne lasse, rinne lasse!

Der Bersch, der is zwaa kaan Moo Blaa,
doch dadefer lischter schee nah.
Mer kannen miehelos erreische
un ohne Seilschafte beschdeische.
Ganz in de Neh, da gibts en Hang,
den leeft mer aach gern maa endlang
un guggt in all die Beem enei:
dort wechst ebbes fern Ebbelwei!

Lohrberg und Berger Hang. Der Lohrberg liegt bei Seckbach
an der höchsten Stelle des Frankfurter Stadgebietes (180 m ü. d. M.)

Des Viehzeusch un mir

Daachdääschlisch trifft mer Schweinehunde.
Des Mistvieh is in aller Munde.
Mansch aaler Brummbär hat Marotte
un schielt noch nach de kesse Motte.

Oft kennt mer fast vor Äscher blatze
iwwer Ochse, Fäggel, falsche Katze,
dumme Pute, aale Saue
un Bulle, dene net zu traue.

Des Rindvieh un des Trambeldier,
de schrääsche Foochel – des sin mir!

Noch mehr Viehzeusch

Affe, Assele un Aale,
Pleidegeier, Killerwale,
Lindwörmer un Marrabus,
Mäus un Läus un Kängurus,
Schweinehunde, Kackerlake,
Elsche, Gickel, Krake, Schnake,
Nachdigalle, Kaader, Motte,
Pinguine, Qualle, Krotte,
des Rindviech und des Drambeldier,
des un mehr bedischde mir
ganz endschbannt un lessisch
uff hessisch.

Voll im Trend

De Bick Benn un des Rieserad,
e Schdicksche weider Schottländjahd –
des kenn ich alles, ich war da,
in London, ja. Mit meiner Fraa.

Mer findt da nirschens Äbbelwoi,
schon gaa net im Hotel Savoy.
Doch hawwe die … Moment, isch habs …
mer glaabts net: siwwedausend Pabs!

Mei Fraa gleich hie, wo mer was krieht,
bei Härrotz un in Riedschend Schdriet,
was mer dehaam in unsre Stadt
zwaa aach, doch net so deuer hat.

Ich bin derweil schnell nach Soho
und nachher zur Madam Tüsso.
Da wimmels grad von Hotwolleh!
(Mer kann sogar de Kohl dort seh.)

Vom Marbl Arsch bis Grienewitsch,
von Ochsfort Schrdiet zur Tauerbritsch,
so simmer Sonndach kreuz un quer
dorsch London zum Trafalga Skwer.

Dort war e Morzdemonschdrazzjon.
Verschdanne hammer nix davon.
(De Englischkurs, den mer gemacht
bei VHS, hat nix gebracht.)

Was hadde mer zum Schluss noch vor?
Ach ja, e Fahrt zum Schloss Winzohr.
Da war grad Brominenz zu Gast,
doch hawwemer die Kwien verbasst.

Am Mondach simmer middem Fluch-
zeusch haam. Es war, waaß Gott, genuch.
De Abbel fellt net weit vom Baam –
am schennste isses halt dehaam.

Heut les isch Zeidung, un da schdeht,
dass unser Börs nach London geht!
Mei Fraa sächt: »Siste, voll im Trend!
Wie gut, dass mer jetzt London kennt«!

Gloobedrodder

Ihn finndmer in de ganze Welt,
wo ebbes faul is middem Geld,
wo nix mehr drin is in de Kasse,
wo Firme Bersonal endlasse,
wo iwwerall Betriewe schließe
un die Kredidde nemmer fließe,
wo Schulde sisch zum Himmel türme
un Schbaarer ihre Banke schdürme –
dort issem wohl, dort leschter Eier:
de Bleidegeier.

Ach, Ihr Werschdscher, Ebbel, fei Gemies,
ihr Leggereie, sauer, sieß!
Endzickt geht mer von Schdand zu Schdand
un fiehlt sisch im Schlaraffeland.

Es hannelt sisch in unserm Fall,
um was, ihr Leut? Die ......

*Die ›Klaamackthall‹ – Kleinmarkthalle, zwischen Hasengasse
und Ziegelgasse gelegen.*

55

Zeit geschbaart

De Busfahrer sächt zu der Fraa:
»Des Päcksche da, gucke Se maa,
dadrin is, scheints, ebbes zu esse.
Des habbe Sie vielleischt vergesse.«

»'s is fer mein Mann. Die Sach is so:
Der schafft uff euerm Fundbüro.«

Endlisch Ruh

Moin Goldfisch kann und will net belle
un Nachbarn dademit verprelle.
Moi Möwel kanner net verkratze,
er hat halt Flosse un kaa Tatze.

Frieher war isch guder Kunde
im Zoogeschäft fer Katz un Hunde,
fer Meerschwoinscher un Mäus un Radde
un aamal Schildkreete fern Gadde.

Doch seidem isch en Goldfisch hab,
guggisch dem zu un reesch misch ab.
Der schwimmt nur als im Kreis erum,
ganz ruisch un friedlisch un ganz schdumm.

Geede un isch

Geneischder Leser, les ruisch weider.
Was jetzt kimmt, schdimmt disch vielleischt heider.
Die schennste Zeile, die am Aafang,
sinn garandiert von Johann Wolfgang.
Die neschsde Zeile – drei un vier –
die sinn von mir.

Wie machen wir's, dass alles frisch und neu
und mit Bedeutung auch gefällig sei?
Mir nenne ›Powerdrink‹ des schläächt Gebräu
unn ›Mousse aux Pommes‹ de Äbbelbrei.

Des Menschen Tätigkeit kann allzu leicht erschlaffen,
er liebt sich bald die unbedingte Ruh.
Von mir aus kenne annere schaffe,
isch lesch misch hie unn schlaf. Unn du?

Und fragst du noch, warum dein Herz
sich bang in deinem Busen klemmt?
Des kommt defoo, wenn mer im März
nur Schdarkbier dorsch die Gorschel schwemmt!

Wer vieles bringt, wird manchem etwas bringen,
und jeder geht zufrieden aus dem Haus.
Doch bringstes net – des kann isch der singe –,
dann bisde eweck, dann schmeißt mer disch raus!

Wenn nicht das süße junge Blut
heut Nacht in meinen Armen ruht …
… dann gehste haam unn guckste fern.
Ich waaß, des meschste aach ganz gern.

57

Ich gäb' was drum, wenn ich nur wüßt',
wer heut' der Herr gewesen ist!
Des is doch der, wo gesdern nacht
minnstens drei Stunne bei dir verbracht!

Wie atmet rings Gefühl der Stille,
der Ordnung, der Zufriedenheit!
Komm, schwetz net lang, um Gottes wille,
mir hawwe doch nur wenisch Zeit!

Es wird mir so, ich weiß nicht wie –
ich wollt', die Mutter käm' nach Haus.
Annererseits … mer waaß ja nie …
Vielleischt blieb se doch besser raus …

Nun verlass ich diese Hütte,
meiner Liebsten Aufenthalt …
Guck! Dort schdeischdse in die Bütte!
Schon widder werd mer heiß un kalt …

Willst du immer weiter schweifen?
Sieh, das Gute liegt so nah.
Du brauchst doch bloß nach links zu greife,
mehr nach links! Jetz bisde da.

Herz, mein Herz, was soll das geben?
Was bedränget dich so sehr?
Ach, isch wollt noch aan, zwaa hebe,
doch nach zwölf, da gibts nix mehr.

Wenn der Sommer sich verkündet,
Rosenknospe sich entzündet.
Schdeischt de Äbbelweiverbrauch.
Der von Bier, der schdeischt dann auch.

Was hör ich draußen vor dem Tor,
Was auf der Brücke schallen?
Des kommt mer wie Verwannschaft vor,
die mer ins Haus will falle.

Unnerm Messer

Da gibds ebbes im Bauchgekrös,
des is laut Dokter leider bös.
Was soll mer mache? Es muss raus.
Da bleibt nur aans: ins Krangehaus.

Dort hoggsde, waddst un bist beklomme,
kimmst endlisch draa, werst uffgenomme,
mer gibbt der gleisch en Fraachebooche
von Raddjo- un von Urolooche.

Mer is verdeschdisch lieb zu dir.
Du kriehst e Bett in Zimmer vier.
Dei Nachbarn: Terke. Nix verschdeh.
Zeischeschbraach werd vielleischt geh.

Jetz schreibsde uff, ob de noch rauchst
un was de so an Pille brauchst,
ob Kreislaaf, Lewwer un die Niern,
wie sischs geheert, noch funzjoniern.

Wo fehlts? Am Häzze odder Maache?
Kannsde nix Sießes mehr verdraache?
Haddesde Obberazzjone?
Kombliggazzjone? Infeggzjone?

Warsde vom Infackt bedroht?
Beim Drebbeschdeische Ademnot?
Dringste viel, ja odder nei?
Schreibs hie, du Feischling, es muss sei!

Net lang, so folsche Bluudendnahme
un dann Raddjollogieuffnahme.
De Finger schdeggt mer dir wonei,
Fui Deibel! Awwer des muss sei.

Zum Schluss, da wersde ›uffgekleert‹.
Was dir da morsche widderfehrt,
des birscht en Haufe Riesigo.
Du ännersts net, es is halt so.

Mer hat ja mansches iwwerschdande,
un mansches kaam eim schonn abbhande.
Die werns ja wohl net iwwertreiwe?
Von mir soll noch was iwwrischbleiwe!

Endsaachung

Ach, könnt mer sich nochmaa beweesche
wie des Eischhörnsche uff seim Weesche
die Äst enuff, die Äst enunner! –
Naa, naa, isch glaab net mehr an Wunner.

Noch e Frankforder Wocheend

Vergniesche mescht beschdimmt e Faht
mit e paar Freunde uffem Rad,
zum Beischbiel von de Friedensbrick
zur Gerbermiehl, hie un zurick.

Da grieße euch uff euerm Weesch
des Schdedel un de Holbeischdeesch
un scheene Term von unsere Schdatt,
wie Paulskersch un Sangt Leonhatt.

Is dann die Gerbermiehl erreischt,
foddograffiert mer Sie vielleischt
als Siescher uff dem Denkmalschdei
un schbritzt Sie voll mit Ebbelwei.

... un im Zoo

De Pinguin neischt net zum Friern,
de Puma lebt von annere Tiern.

Die Trambeltiere sin Kamele,
dem Tintefisch die Flosse fehle.

Fehlt Sauerschdoff in ihre Lunge?
Dann schnell emaa uffs Rad geschwunge
un nix wie fort, enaus ins Blaue,
zum Beischbiel in gewisse Aue.

Dort sehnse Kids mit ihre Middern
die Meewe un die Endscher fiddern.
Die Buwe lasse Drache schdeie
un Hundscher renne rum im Freie.

Befellt sie Dorscht, bleiwese gelasse,
mer brauch den net weit komme lasse.
Es gibt dort Werdschafde, zwaa odder drei,
mit ausreichend viel Ebbelwei.

Die Niddaauen. Beliebtes Naherholungsgebiet zwischen Praunheim,
Ginnheim und Hausen.

Unnerweeschs

A Isch saachs net gern, awwer in *Aache*
    hat mer misch aamaa schwer verhaache.

B Heiser hinner Gidder bellt
        en aame Hund in *Bitterfeld.*

C Selbst innerer Schdatt wie *Caracas*
        werdmer, wenns reeschent, zimmlisch nass.

D Drei Woche Urlaub in *Davos?*
        Geh fort! Da is doch gaa nix los!

E Isch war emaa mit meiner Hanne
        drei Daach in der *Etoschafanne.*

F Wo lischt denn des *Fontainebleau?*
        Isch glaab, in Frankreisch erschendwo.

G Beim Bertelsmann in *Gütersloh?*
        Werst du da deines Leewens froh?

H Verteidischung am *Hindukusch?*
        Fer Deutsche klingt des asch nach Bush.

I Guggt bidde des Gebiss hier an:
        So Zääh hat mer in *Isfahan!*

J Einst plaande unser Erich froh
        de Mauerbau in *Jericho.*

K Mir musste waame Joppe traache,
   es war saukalt in *Koppehaache.*

L Mir wollde schonn in Jever schmuse,
   doch gings erst schbeed in *Leverkuse.*

M Massiern un knete, des konnt Otto,
   er hads gelernt in *Monte Grotto.*

N Hosds boid gfundn, dös *Nairobi?*
   Jo freili, jo, dös hob i.
   (Ja, die Bajern schwetze anners!)

O Von Amors Feil gedroffe, ach,
   leschzt sie nach Kall in *Offebach.*

P Isch fand kaa Ruh dort in *Sangt Pölte,*
   weil nachds am Schdick die Hunde böllte.

Q Es quakt en Frosch laut in *Québec,*
   hier heert mer nix, 's is zu weit weg.

R Selbst nach jahrzehndelange Pause
   ziehds misch net asch nach *Recklinghause.*

S Des Schdick von Rom nach *Syrakus,*
   des ziehd sisch zimmlisch, grad zu Fuß.

T Isch zooch misch aus, sie rannde weg.
   Des wars in *Tehuantepec.*

U Von *Utrecht* wisst ihr net genuuch,
     aach net von Kleist un dem seim Kruuch.

V Von *Valdepenas* kommt en Wei,
     den schenk isch mer zum Fännseh ei.

W *Worcester* schbrischt mer englisch ›Wuster‹!
     Mit Ihrer Bildung schdehds asch duster.

X In *Xanten* treibt mer Taucherschbort,
     mer sucht de Nibelungehort!

Y In *Ypern* lewe Flame un Wallone,
     in Zypern solle kaane wohne.

Z Isch kennt ja jetz noch ganz schee labern
     von *Zagreb, Zandvoort, Zell* un *Zabern,*
     doch fang isch gern von vorne an
     mit *Aalborg* un mit *Abadan.*

De Gewäckschaftsochs

Zwaa Ochse ziehn en Pfluuch dorschs Feld.
De aa hats Pflüüsche eigeschdellt,
als es vom Kerschtorm fünf geschlaache.
»Mir is e bissi schwach im Maache,
un mei Gewäckschaft hat beschdädischt,
dass mer nach fünf sisch net betädischt.«

»In Ordnung«, sächt de Bauer, »in dem Fall
gehsde am besde haam zum Schdall.
Es duht mer leid, dass de geschwescht.
Mir komme aach allaa zurescht.«
Tatsäschlisch hat aan Ochs genüüscht
un hat des Feld zu End gepflüüscht.

De Awweidsochs kimmt haam um acht
zum annern, der grad uffgewacht.
Der fräächt verschlafe. »War de Bauer
gaa net e ganz klaa bissi sauer?« –
»Net dass isch wüsst. Awwer zuletzt
hadder middm Metzjer was geschwetzt.«

Schluss mit lustisch

Mer hats schwer
als Teddybär.
Wisst ihr, dass
isch es hass,
des ewische Geschmuse?
Isch kanns net verknuse!

Primär
bin isch Bär.
Irschendwann
seid ihr dran,
un isch beiß zu.
Dann is Ruh.

Nie widder Tibet!

Es war beim Uffschdiesch zum Himala-
ja. Wäcklisch, des hab isch erlebt!
Mit Schdäcke acht der Dischderskala
hat fäschderlisch die Ääd gebebt.

Mir hawwe beide Ohrn gewaggelt
wie wild, mein liewer Schwan!
Da hab isch gaa net lang gefaggelt
un bin gleisch widder haamgefahn.

Vielschbraachisch

Die Mamakatz sächt zu de Kätzjer:
»Heut suchemer uns e paar Plätzjer,
wo's Mäus gibt. Un isch zeisch eusch dann,
wie mer so Viescher fange kann.
Mucksmäusjeschdill misst ihr da bleiwe,
sonst duhtermer die Mäus vertreiwe.«

Famielje Katz zieht jetz enaus.
Da is e Loch middere Maus.
»Pst«, flistert Mama, »uffgebasst,
wie mer e Maus am Kraache fasst!«
Oje, e Kätzje jault »Miau!«
Die Maus verschwindt in ihrem Bau.

Mama denkt nach un mäscht »Wauwau!«
Da denkt des Mäusje in seim Bau:
En Hund! Wenn misch net alles täuscht,
hat der die Katz von hier verscheuscht.
Isch hab kaa Angst vorm bleede Hund
un hibb jetz naus un dreh e Rund.

Dort lauert mit erhobne Tatze
die Mama von de klaane Katze.
Sie schnabbt die Maus un zeischtse rum
un sächt: »Ihr Kinner, seid net dumm.
Lernt ja beizeite fremde Schbraache,
sonst schdehter da mit leerem Maache!«

De Geede werd verrickt

Die Berscher Frankforts sin entzickt:
De Geede, der werd jetz verrickt!
Uff Rolle schiebt mer'n als erum,
un ich erzähl Euch aach, warum.

Zur IAA rollt an de Maa
viel Blech mit unne Räder draa:
Rolls-Royce, Ferrari, BMW,
Toyota, Lancia, Saab, VW.

Mercedes, Chrysler, Fiat, Ford,
allminanner stehn se dort,
un uff de Festhall, unnerm Himmel,
guckt Geede nunner uffs Gewimmel.

Kimmt de Pabst ma an de Maa,
is de Geede widder draa,
dann werd er widder ma verrickt
zum Heilsche Vadder Benedikt.

Nachem Hochamt in de Kersch
schdrömt viel Volk zum Reemerbersch,
guckt zum Balkong un is beglickt
vom Geede – un vom Benedikt.

Un noch e Frankforder Wocheend

Wolle Se Nadur genieße?
Bei Berje, da gibts Schdreuobstwiese
mit Ebbelbeem un Schbeierlinge
un Veeschel drin, wo Liedscher singe.

Aach net weit weg uff ihre Katt
sehn se en Torm, die Berjer Watt.
Am Galsche, an den mer dort dengt,
werd heut kaaner mer uffgehengt.

… un im Zoo

Rhesusaffe: sehr bossierlisch,
Rinnozerosse: gaa net zierlisch.

De Utan brauch de Orang auch,
de Uhu hat gänn Mäus im Bauch.

Frankforder Schangsongs

Dem Geede sei Werke
hat mer net all parat,
awwer gut kammer sisch merke
dem Götz sei Zitat.

Nach väzzeh Glas Ebbelwei,
da is ebbes los:
Erst gehts in de Kopp enei
un dann in die Hos.

In de Frankforder Altschdadt,
da werd jetzt saniert,
des Rathaus, wo mer satt hat,
werd abgerisse un planiert.

Vom Frankforder Schberrmill
in unsere Gasse
deht vieles vielleischt gut
ins MMK* basse.

Wenn aaner beherrscht
unser Frankforder Schbrach,
kanner saache: »Des aa Aach
un des anner Aach aach.«

*Museum für Moderne Kunst

Die aame, aame Frankforder,
wo in Fluchblatznäh wohne,
traache nur noch Koppherer
um ihr Schlabbohrn zu schone.

Beim Handkäs mit Musik
is die Musik erst schdumm,
die Tön komme schbäder
innedrin un hinnerum.

Des Historisch Museum
basst net gut ins Bild,
desweesche werds demneschst
vom Christo verhillt.

Im Hessische Landtaach
gilt es neue Gesetz:
erlaubt is in de Sitzunge
nur noch hessisch Geschwetz.

Will en Fremde hier wohne,
von wo er aach sei,
der muß Frankforderisch lerne,
sonst kimmt er net nei.

Uff de Buchmess in Frankfort,
des sollt mer net vergesse,
gibts scheene neue Bischer
in Mundart aus Hesse.

Affezäguss

Die Weihnachtsgans, sie is verschbeist.
Des Krisskinnsche is abgereist.
Es is aach Schluss mit Nickelees.
Dariwwer bin isch gar net bees.

Warum? De Zäguss had zu lange
vor Weihnachde schonn aagefange.
Schonn ab Okdober Festfrohlocke
mit Engelscher und Krissbaamglocke!

Geh ford! Jetz brauchemer maa Ruh.
Jetz machemer die Aache zu,
vergesse all den Eikaafstrubel
beim Aldi un beim Huuchedubel.

Doch hawwemer dann ausgeschlaafe,
kimmt schonn de erste Haas gelaafe –
de Osterhaas! Un schonn geht weider
de Fesdaachsaffezäguss. Leider.

Uffe Neues!

Un widder is e Jahr vergange,
un widder hat aans aagefange.
Da geht eim mansches dorsch de Kobb:
Famielje, Gsundheit, eim sein Dschobb.
Wie gehts wohl weider? Viele Fraache.
Un wer hat net en Grund zum Klaache?

Doch eh mer lamendiert und schennt
iwwer des Jahr, was jetz zu End:
Mir konnte all in Friede lebe,
es hat bei uns kaan Kriesch gegebe.
Kaan Kriesch, ihr Leut! Kaa Hungersnot!
Kaa Bombe un kaan Heldetod!

In eischner Sache (mit achzisch)

Uff den Verführer einst vereidischt,
des Vaderland umsonst verteidischt,
gefange, beinah druffgegange,
bei Null von vorne aagefange,
an Wisse mansches eigesooche,
en gude Job an Land gezooche,
mit Fraa un Kinnern froh gelebt,
dorschaus nach Heherem geschdrebt,
im Ruhestand net dorschgehange
un nochemaa neu aagefange,
Krebs un Infackt eweckgeschdeckt,
es Lewe bis zur Stund geschdreckt.

So kanns ruhisch noch e Weilsche geh.
Wie lang? Noja, des werd mer seh.

Inhaltsverzeichnis

In Frankfort dehaam 5
Genüüschsam 6
Drei gude Vorsetz 7
Immer debei 8
FRANKFORDQUIZ 1 9
Unser Wasserhäusje 10
Was maane Sie? 11
Gebabbel 12
Ärztlicher
Beischdand 18
Affegeil 18
FRANKFORDQUIZ 2 19
Dehaam is dehaam 20
De Lenz is da! 22
Bildungslicke 22
Des Lied vom Legge 23
Net abkömmlisch 24
Des wär schee! 24
Gut fers Gehern 25
Im Dialooch 26
FRANKFORDQUIZ 3 27
Dornbusch 28
Bei de Viescher 29
Fidnessgeeschner 30
FRANKFORDQUIZ 4 31
Knapp devoogekomme! 32
Kaan Kawwalier 32
Immer midde Ruh 33
Net persönlisch
gemaant 34
FRANKFORDQUIZ 5 35
Kalennerweisheide 36
Im Beischdschduhl 38
Mir arme Rentner 39
Net anners zu erwadde 40
FRANKFORDQUIZ 6 41

Frankforder Wocheend 42
Neue Awweidsblätz 43
Ohne Kanone 44
Sachsehäuser Schbrisch 45
Nix Neues 46
Bodenschdändisch 46
FRANKFORDQUIZ 7 47
Nix geesche die annern 48
Rinne lasse 50
FRANKFORDQUIZ 8 51
Des Viehzeusch un mir 52
Viel Viehzeusch 52
Voll im Trend 53
Gloobedrodder 54
FRANKFORDQUIZ 9 55
Zeit geschbaart 56
Endlisch Ruh 56
Geede un isch 57
Unnerm Messer 60
Endsaachung 61
Noch e Frankforder
Wocheend 62
FRANKFORDQUIZ 10 63
Unnerweeschs 64
De Gewäckschaftsochs 67
Schluss mit lustisch 68
Nie widder Tibet! 68
Vielschbraachisch 69
De Geede werd verrickt 70
Un noch e Frankforder
Wocheend 71
Frankf. Schangsongs 72
Affezäguss 74
Uffe Neues! 75
In eischner Sach 76
Hans W. Wolff 78

HANS W. WOLFF

geboren 1926
in Frankfurt am Main,
ein Leben unter dem
Leitstern Sprache. Nach dem
Studium der Romanistik,
Anglistik und Philosophie in
Frankfurt am Main und
Grenoble jahrzehntelange
Tätigkeit als Übersetzer,
Dolmetscher, Leiter des
Sprachendienstes und der Fremdsprachenfortbildung
einer Weltfirma. Hierbei veröffentlichte er über
30 Fremdsprachen-Lehrbücher und leitete und
organisierte Fremdsprachenkongresse, Seminare und
Workshops.

Im ›Ruhestand‹ wurde seine künstlerische Tätigkeit
bereits wiederholt in den Medien gewürdigt. Seine
Gestaltung von Natur- und Kunstcollagen ist hier
besonders hervorzuheben. Seine weitere Liebe gilt
Texten und Gedichten in Frankfurter Mundart,
die hier in einem ersten Buch zur Geltung kommen.
Seine Texte heben Kostbarkeiten des hessischen und
im besonderen des Frankfurter Wortschatzes ans
Licht und machen auch vor aktuellen Themen nicht
halt.

HANS W. WOLFF sieht sein Frankfurter Gebabbel
als einen fulminanten Beitrag zur Stärkung der Frank-
furter Leitkultur!

Helga Faber

Die Welt des Apfelweins

Most Sidra Viez Apfelwein Cider Cidre

Über Spanien, Frankreich, England, Irland bis nach Amerika
und wieder zurück nach Hessen und Frankfurt am Main geht
die Reise des Apfelweins durch die Jahrhunderte.
Äußerst unterhaltsam vereint Helga Faber Geschichtliches und
Wissenswertes rund um unser Stöffche, den Cider, den Cidre,
den Most, die Sidra und den Viez.
112 Seiten, gebunden,
12,00 €, ISBN 3-936622-73-6

Günter Henrich

Des Äppelwei-Cartoonbuch

60 herrliche Cartoons rund um den Apfelwein.
64 Seiten, gebunden,
10,00 €, ISBN 3-933575-89-3

Matthias Fischer

Die Farben des Zorns

Kriminalroman

Drei Ärzte sind bereits einem psychopathischen Serienkiller in
Frankfurt am Main, Gießen und Hanau zum Opfer gefallen, als
ein weiterer Mord im Hexenturm in Gelnhausen entdeckt wird.
LKA-Oberhauptkommissar Dr. Caspari, der bald einem weiteren
geplanten Verbrechen am Rande des Main-Kinzig-Kreises auf
die Spur kommt, versucht mit der Gelnhäuser Pfarrerin Clara
Frank einen weiteren Mord in Fulda zu verhindern.
340 Seiten, gebunden,
18,00 €, ISBN 3-933575-78-7

Rainer Witt

Drogenmann

Kriminalroman

Der zweite Kriminalroman des HR-Moderators Rainer Witt,
spielt wieder im Rhein-Main-Gebiet. Tim Bender, Zollfahnder
auf dem Frankfurter Flughafen, kommt zusammen mit der
SOKO international operierenden Verbrechern auf die Spur.
ca. 340 Seiten, gebunden, 18,00 €, ISBN 3-933575-87-6